Óscar Rueda

Una Filogenia [in]verosímil sobre arquitecturas de límites difusos

Ensayos Críticos
12

Nos interesan las genealogías como método discursivo porque la lógica de las influencias discurre en contra del tiempo y es retroactiva. Así trabajó Alfred H. Barr en el MoMA con su célebre diagrama genealógico del arte abstracto desde 1890 hasta 1935. Cada generación busca sus filiaciones en el pasado y cada vez que se establece una supuesta paternidad intelectual lo que se está fijando, en realidad, es una adopción filial: es cada generación la que establece sus afinidades con el pasado y cada movimiento anterior participa inevitablemente en la construcción de los discursos presentes.

Nos interesa detectar cómo las nuevas prácticas arquitectónicas buscan su filiación en el pasado y superan *la ansiedad de las influencias*, [1] tal como las describía Harold Bloom, en una pugna creativa que redescribe, se apropia, e incluso, supera y cancela el discurso de sus antecesores. Una construcción edificante de nuevos discursos, como proponía Richard Rorty, que supere el molde normalizador de la arquitectura canónica y que se desplace desde las certezas de prácticas pasadas ya validadas a las incertidumbres de las nuevas prácticas contemporáneas. Una actitud pragmática y dialogante construida desde la contingencia del lenguaje e inspirada en un pensamiento débil y emergente alejado del agotamiento de los formalismos y de las teorías rígidas del pasado.

Nos interesa la verosimilitud como un sistema de procedimientos que nos permite establecer relaciones entre prácticas discursivas contemporáneas y otras ya pasadas, construyendo afinidades electivas que son pertinentes en la actualidad; alejados de un afán demostrativo estrictamente documental e historiográfico pero próximos a un proceso especulativo que nos permita armar un pensamiento crítico y desarrollar herramientas instrumentales para el desarrollo de nuestra propia práctica arquitectónica.

Nos interesa el pensamiento análogo como un método que nos permita apropiarnos de métodos y léxicos de otras disciplinas para emplearlas en nuestra práctica arquitectónica. Prestar atención a este tipo de pensamiento nos ayuda a entender cómo científicos de la talla de Ernst Haeckel eran capaces de adaptar, por ejemplo, la teoría evolutiva de Charles Darwin a situaciones contemporáneas mucho más complejas a partir de la invención de una nueva terminología. Haeckel acuñó en el siglo XIX nuevos conceptos como ecología, disciplina encargada del estudio del hogar de todas las especies ——en lengua alemana *Ökologie*, cuya etimología procede del griego «oikos» casa y «logos» conocimiento—— o como *filogenia*, disciplina que estudia las relaciones de parentesco entre los distintos grupos de seres vivos ——cuya etimología procede del griego «phylos», especie, y de «geneia», génesis——. Se trata de una terminología vigente en la actualidad y de indudable utilidad en nuestra práctica arquitectónica.

Nos interesa establecer filogenias [in]verosímiles como un método que nos permite investigar determinadas prácticas arquitectónicas y su posicionamiento como dispositivos tal y como los entendía Michel Foucault: desde una respuesta urgente en situaciones determinadas; desde su capacidad de generar vínculos y establecer redes a partir de un conjunto heterogéneo de elementos; desde el entendimiento de la naturaleza de los vínculos que se generan en esa red, afines o contradictorios.

Nos interesa, en definitiva, acercarnos a la obra de otros arquitectos y tratar de desvelar las claves de su práctica arquitectónica y del pensamiento estructurado y pragmático que la sustenta y emplear un pensamiento crítico que nos permita identificar nuestras propias inquietudes a través de su obra, que nos facilite herramientas para apropiarnos de la eficacia de ese método e incluso transformarlo en algo propio.

Una de las prácticas arquitectónicas contemporáneas que no ha dejado de sorprendernos en los últimos tiempos es la desarrollada por Junya Ishigami. Una práctica vinculada a otras que despliegan narrativas comunes y discursos próximos a una especie de levedad o *estética de la desaparición*, [2] alejada y próxima a la vez a los procesos descritos por Paul Virilo sobre la evanescencia de lo material bajo la hegemonía de lo virtual y de las tecnologías de la comunicación que afectan sustancialmente a las nociones de territorio, de la ciudad y del propio cuerpo humano. Arquitecturas que usan una tecnología hipersofisticada en su elaboración, que tienen la intención de disolverse en las naturalezas artificiales en las que se instalan y que han desarrollado un entendimiento particular y distorsionado de la tradición de su entorno cultural. Trataremos de establecer, a continuación, una genealogía retroactiva o, más bien, una filogenia relacional, que analice la red que han generado algunas prácticas arquitectónicas iniciadas con el metabolismo en los años 60, apadrinadas por la modernidad de Kenzo Tange que, sospechamos, han llegado hasta Junya Ishigami filtradas por Kiyonori Kikutake, Toyo Ito y Kazuyo Sejima, entre otros.

Junya Ishigami ha construido en las últimas dos décadas una colección de arquitecturas extremas en su inmaterialidad, aparentemente imposibles desde su concepción, a veces incluso ingenuas, pero que finalmente se levantan ante nuestra incredulidad. Arquitecturas próximas a su disolución en el medio que las rodea, con un discurso teórico por momentos *naif*, pero sustentadas en una sofisticación tecnológica extraordinaria. Su práctica se inicia a comienzos del siglo XXI, después de una intensa etapa formativa con Kazuyo Sejima, y solo unos pocos años después alcanzará una proyección internacional reconocida con el León de Oro de la Bienal de Venecia en 2010 o la máxima distinción arquitectónica en Japón, el premio del Instituto de Arquitectura de Japón en 2009.

A partir de 2014, con apenas cuarenta años, su proyección internacional será sorprendente. Imparte conferencias en Princeton, Harvard o Columbia. En Princeton, Alejandro Zaera como decano lo invita a participar en las *Rarefied Sessions* en la primavera de 2014 con una conferencia etiquetada como *Anemic*, clasificada dentro de «la estética de lo enrarecido, candidata a formar una especie de nuevo canon en el nuevo siglo. Arquitecturas adaptadas a los nuevos tiempos [...] calificadas como astutas, innovadoras, genéricas, inmateriales, absolutamente actuales pero pragmáticas y ¡construidas!».[3]

Las arquitecturas de Junya Ishigami parecen estar pensadas para desaparecer nada más ser levantadas. Se construyen casi sin materia ——aparentemente——, gracias a un alarde tecnológico de una sofisticación extrema, inversamente proporcional a la mínima masa empleada. Las dimensiones de los soportes y de las envolventes debemos expresarlas en milímetros si queremos ser precisos. Su primera obra, una mesa para una galería de arte en Tokio (2005), consiste en un tablero de acero de 3 milímetros de espesor que cubre 10.000 milímetros de longitud por 2.500 milímetros de anchura, apoyado sobre cuatro soportes en sus cuatro esquinas. Vista de frente, la mesa parece una hoja de papel tensada que se mantiene plana de manera inverosímil gracias a un precario equilibrio gravitatorio con los objetos domésticos que sostiene. En la decimoprimera Bienal de Venecia (2008) Ishigami levantó cuatro invernaderos con pilares y vigas de sección cuadrada de solo 16 milímetros de lado, lacados en blanco, empleando vidrios extra claros de 8 milímetros de espesor. La altura de los pabellones oscilaba entre 2.100 milímetros y 6.000 milímetros y contenían piezas de mobiliario doméstico y vegetación, lo que generaba una especie de trampantojo, una secuencia de espacios interiores y exteriores muchas veces imposibles de diferenciar al mimetizarse en el jardín y diluirse en la naturaleza que los rodeaba. Su obra más conocida, el taller del Instituto de Tecnología de Kanagawa (Kait) (2008), es una cubierta de 155 milímetros de espesor apoyada en 305 pletinas metálicas de dimensión variable, desde 16 milímetros por 145 milímetros hasta 63 milímetros por 90 milímetros, todas con orientaciones diferentes para generar una especie de nube etérea y espesa que el autor compara con la densidad y la ligereza de un bosque de bambú. Una de sus últimas obras, la plaza del Kait de Kanagawa (2020), tiene una altura de 2.350 milímetros y unas dimensiones en planta con un ancho variable entre los 55 metros y los 48 metros y una longitud entre los 86 metros y los 89 metros, salvando este vano sin poner un solo pilar, con chapones de acero soldados de 12 milímetros de espesor. Se trata de una cubierta tensada, casi sin masa ni presencia, que salva una luz extraordinaria con una esbeltez casi imposible que genera una sensación de ingravidez y de ligereza extrema.

Podríamos seguir describiendo, en milímetros, todas y cada una de sus obras. Pero debemos preguntarnos, ¿esta arquitectura surge a partir de una generación espontánea, fruto de la más rabiosa actualidad?, ¿surge por el genio individual, por momentos caprichoso, de un arquitecto oriental un tanto excéntrico?, o quizás ¿podemos pensar que ya existía un caldo de cultivo enraizado en prácticas anteriores, contemporáneas pero que se iniciaron hace ya casi un siglo, que han alimentado y permitido la aparición de estas arquitecturas extraordinarias?

En realidad, estas cuestiones no son nada originales. En los años 70 ya se debatía si la arquitectura moderna fue un movimiento *ex novo* o si, por el contrario, estaba absolutamente enraizada en una tradición clásica que aparentemente negaba, como nos enseñó John Summerson en *El lenguaje clásico de la arquitectura*. Aún hoy, autores como Pier Vittorio Aureli en su texto *La posibilidad de una arquitectura absoluta* crean una filiación entre las arquitecturas de Ludwig Hilberseimer, Mies van der Rohe, Aldo Rossi, OMA y Oswald Mathias Ungers en su forma de entender la ciudad desde el objeto arquitectónico autónomo o absoluto y su contraposición a la trama urbana, emparentándolas con prácticas pasadas como las villas renacentistas de Andrea Palladio o los monumentos de Étienne-Louis Boullée para París a finales del siglo XVIII. Kersten Geers, en otro texto estrictamente contemporáneo al de Aureli titulado «Perfectly fine for Mies»,[4] desmontaba la genealogía post-moderna de Charles Jencks, descrita en 1973 en *Modern movements in architecture* y dibujada en su famosísimo «Evolutionary Tree 1920-70». Geers empezaba su texto de manera irreverente y demoledora: «En su irónico, por no decir ligeramente tonto, libro *Movimientos modernos en arquitectura*, Charles Jencks define y al mismo tiempo deconstruye la modernidad platónica de Mies».[5] Pero lo que nos interesa aquí es que Geers se basa en el texto de Jencks para encargase de desmontar una de las filiaciones clásicas del movimiento moderno: la vinculación entre las esquinas abiertas de las arquitecturas de Mies y de Schinkel. Donde Jencks veía un 'error' mayúsculo de Mies en las esquinas cerradas del Seagram, llegando a afirmar que son «chapuceras, parecen como si un cuchillo de carnicero las hubiera cortado por la mitad»[6]—, Geers ve que ese detalle 'erróneo' es perfecto para Mies, *perfectly fine for Mies,* pues sintetiza el pragmatismo de su etapa americana, la colisión entre un lenguaje contextualista europeo y un lenguaje corporativo americano, y su necesidad de conciliar la autonomía absoluta de un edificio exento en la trama isótropa de Manhattan con una inserción clásica en la ciudad que dialoga con los edificios de alrededor. Esta forma de entender la relación ambigua con la ciudad de los objetos arquitectónicos ——o los 'hechos urbanos' si recuperamos el léxico de Aldo Rossi que tanto ha influido en estos arquitectos——, se manifiesta de una forma desinhibida en el proyecto de Atelier Bow Bow *Made in Tokyo* publicado en 2001. Aquí realizan un auténtico ejercicio de filogenia, desarrollando incluso una especie de 'árbol genealógico' en la introducción para explicar los tipos o especies de edificios de esa ciudad entendida como un ecosistema excepcional y contradictorio. Describen una metrópoli donde la arquitectura aparece y desaparece en poco tiempo y donde no hay una arquitectura bella y permanente ——*magnificent architecture*—— como en las ciudades europeas, sino una arquitectura desvergonzada que se adapta pragmáticamente a las condiciones urbanas inestables de la ciudad y que denominan como «unidades medioambientales: la *pachinko catedral*, el *neon building* o el *highway department store*».[7] Una especie de serie B arquitectónica que solo cobra sentido dentro de esta peculiar filogenia de unas arquitecturas específicas en ese particular ecosistema aparentemente caótico que es la ciudad de Tokio.

Emplear la analogía biológica como método para clasificar o realizar taxonomías arquitectónicas tampoco es nada novedoso. Ya lo había hecho Peter Collins en 1965 en su libro *Los ideales de la arquitectura moderna: su evolución*. [8] Collins empleaba el razonamiento análogo porque le permitía poner en paralelo disciplinas aparentemente ajenas, como la arquitectura con la biología, con la semántica o la mecánica, para comprender situaciones complejas y sacar conclusiones prácticas y aplicadas. De ahí procede este método que utiliza las genealogías o las filogenias, cuyo origen está en la disciplina de la biología, para tratar de comprender procesos generativos de prácticas arquitectónicas actuales que sospechamos tienen una especie de ADN común con otras prácticas, temporal e ideológicamente, bastante alejadas. Trataremos de establecer por qué pensamos que comparten estructuras profundas más allá de lo puramente visual.

En el caso que nos ocupa, si partiésemos de datos puramente biográficos, automáticamente podríamos establecer esta cadena de acontecimientos demostrable: que Junya Ishigami se formó con Kazuyo Sejima, que Kazuyo Sejima lo hizo con Toyo Ito y que Toyo Ito se formó a su vez con Kiyonori Kikutake, apadrinado por Kenzo Tange, el gran arquitecto moderno del siglo XX en Japón. Y si Kikutake fue un miembro fundamental dentro del movimiento metabolista, promovido por el propio Tange —— «el primer movimiento arquitectónico moderno no occidental» como lo define Rem Koolhaas en *Metabolism Talks* [9]——, ¿podríamos pensar que la arquitectura de Junya Ishigami estaría vinculada en una secuencia genealógica a la arquitectura metabolista? En realidad, en la introducción de *Metabolism Talks* Hans Ulrich Obrist ya habla del *continuum* que existe en la arquitectura japonesa a partir de Kenzo Tange, pasando por Toyo Ito hasta llegar a Ishigami, y establece esta misma filiación. Para Obrist, «en la cultura japonesa no se mata al padre/madre».[10]

Pero, de igual modo, ¿podríamos pensar que en este proceso se estableció lo que podríamos denominar como una filogenia de la levedad? Entendiendo por filogenia un método que facilita la generación especulativa de hipótesis cambiantes, que huye del determinismo biológico temporal y de las taxonomías por familias estancas y que permite establecer relaciones complejas entre individuos aparentemente distintos, pero con conexiones inesperadas. La filogenia trabaja con hipótesis, no con certezas, no es estática sino dinámica, y no es lineal como el árbol genealógico de Darwin que está dibujado como un esquema permanente en el tiempo y ramificado en familias estancas. La filogenia de Haeckel permite generar diagramas de relación rizomáticos, llenos de interferencias y capaces de interpretar la complejidad de la biodiversidad, anticipándose en cierto modo a las complejas representaciones digitales contemporáneas del genoma humano que convierten el diagrama de Darwin en un esquema de principio muy seductor por su extraordinaria sencillez, pero también en una caricatura ante la complejidad de las filogenias contemporáneas. La filogenia permite, en definitiva, establecer relaciones topológicas que contemplan la hibridación, la mutación o que dos organismos compartan solo una parte de su ADN pero sean especies aparentemente opuestas. Esta libertad de campo nos permite trabajar con un método relacional para construir una filogenia de la levedad o de la desaparición arquitectónica, que no es lineal.

Por tanto, no nos ceñiremos a cuestiones puramente visuales, de estilo o de rasgos comunes pues correríamos el riesgo de entrar en el terreno de la ingenuidad determinista de ciertas prácticas historiográficas que no nos interesan en absoluto. Aquí queremos distanciarnos de aquellas prácticas críticas próximas a la «crítica operativa» descrita por Manfredo Tafuri en su libro *Teorías e historia de la arquitectura* de 1968. Es decir, prácticas que construyen una especie de mitología que fija unos supuestos valores ideales que sirven como modelos a distintas generaciones, insistiendo en una cierta homogeneidad arquitectónica. Valga como ejemplo de esta línea de pensamiento el comisariado de la exposición *A Japanese Constellation* celebrada en el MoMA de Nueva York en 2016, donde las obras de una selección de jóvenes arquitectos japoneses nacidos después de 1970 ——Sou Fujimoto, Akihisa Hirata, Junya Ishigami—— aparecen homogeneizadas bajo la supuesta influencia determinista primero de Toyo Ito y luego de Kazuyo Sejima; todas presentadas desde una cierta uniformidad de pensamiento, incluso visual, como podemos ver en las fotos de la exposición donde una prístina blancura envuelve y unifica todo lo expuesto. Nuestros intereses estarían más próximos a los planteamientos de Manfredo Tafuri que se oponía a este tipo de crítica operativa, al construir un discurso tendencioso que justificaba lo actual desde un pasado manipulado ideológicamente. Proponemos sin embargo un entendimiento más instrumental que sea capaz, según Tafuri, de «recoger la fragancia histórica de los fenómenos, someterlos a una rigurosa valoración, descubrir sus mistificaciones, valores, contradicciones y dialécticas internas para así hacer estallar toda la carga de sus significados».[11] En este sentido, estaríamos más próximos a la exposición *Light Construction* comisariada por Terence Riley y celebrada también en el MoMA en 1995. Una muestra organizada en torno al concepto de levedad *(lightness),* absolutamente contradictoria desde una lectura puramente estilística o visual de lo que allí se mostraba. Porque Terence Riley no dudaba en mezclar arquitecturas de Herzog & de Meuron con otras de Renzo Piano o Nicholas Grimshaw, obras de Jean Nouvel con otras de Bernard Tschumi y Toyo Ito e incluso de Rem Koolhaas, pero todo adquiría sentido si se interpretaba desde la intención de buscar un alejamiento de prácticas sobrecargadas de intelectualidad, discurso y formalidad para atreverse a reivindicar, de una manera provocativa, una arquitectura «bella, una palabra que rara vez se escucha en los debates arquitectónicos».[12] Como no podía ser de otra manera, con ese planteamiento surgió una discusión encarnizada en la inauguración de la muestra en la que, por ejemplo, Greg Lynn o Peter Eiseman tildaban la arquitectura de Herzog & de Meuron de neomoderna y de estar alineada con el neoliberalismo y un nuevo fascismo suizo. A la vez Jacques Herzog reivindicaba, irónicamente y recogiendo el guante de Terence Riley, que «los arquitectos más radicales hoy en día son aquellos que se abstienen de intelectualismos y solo se atreven a ser bellamente aburridos».[13] Por cierto, una pose absolutamente contradictoria con una firma que se desveló solo cinco años después absolutamente sobrecargada de significados y referencias intelectuales en la exposición *Arqueología del imaginario* en el CCA de Montreal en 2001 y en su catálogo *Natural History*. En nuestra opinión, *Light Construction* fue un claro ejemplo de cómo hacer estallar, desde una labor de comisariado, toda la carga de significados de la práctica arquitectónica más rabiosamente actual profundizando en sus contradicciones y en sus dialécticas internas. Un ejemplo que seguiremos al desarrollar esta filogenia.

En este ensayo trataremos de dar respuesta a estas y otras cuestiones similares en torno a estas arquitecturas que hemos agrupado bajo el común denominador de «filogenia [in]verosímil de arquitecturas de límites difusos». Si profundizamos en elementos específicos, discursivos, de carácter técnico y disciplinar, políticos y económicos, incluso culturales e ideológicos, podremos encontrar estructuras comunes, ocultas, que son compartidas por estas arquitecturas y que han permanecido y evolucionado a lo largo del tiempo, con mutaciones que han facilitado su adaptación a diferentes épocas y situaciones. El objetivo es poner en contexto prácticas alejadas en el tiempo y en el espacio, muchas veces contradictorias, pero muy próximas en sus procedimientos técnicos y disciplinares, profundizando no solo en los procesos constructivos y de ingeniería sino también en los de la pospro-ducción y de los medios desde las exposiciones, las publicacio-nes y la generación de discursos, para así reforzar el argumento y permitir elaborar una filogenia retroactiva para estas prácticas arquitectónicas que persiguen la levedad, el borrado de la arqui-tectura, su disolución física en el medio ——en el sentido más po-lisémico del término—— y que Toyo Ito conceptualizó y etiquetó a finales del siglo XX como «arquitecturas de límites difusos» —— *Blurring Architecture*——.[14] El objetivo último, siguiendo a Tafuri, será desvelar las contradicciones y dialécticas internas de estas prácticas arquitectónicas centradas en la desaparición de la ar-quitectura para hacer 'estallar toda la carga de sus significados'.

I. Apoteosis y desaparición del metabolismo. The Big Roof en la Expo'70 de Osaka

Centrémonos ahora en un breve fragmento de un episodio lumi-noso de la arquitectura del siglo XX: la gran cubierta——The Big Roof—— construida por Kenzo Tange, Arata Isozaki y el grupo metabolista en la Exposición Universal de Osaka en 1970. Es posible que este acontecimiento saque a la luz filiaciones entre arquitecturas aparentemente antagónicas como las de Kenzo Tange y Kiyonori Kikutake——y por extensión de todo el movi-miento metabolista—— con las realizaciones contemporáneas de Toyo Ito e incluso, desde aquí, argumentar que esta línea de pensamiento ha llegado hasta Kazuyo Sejima y Junya Ishigami.

No se trata de demostrar, sino de interpretar. No se trata de crear mitologías o cánones arquitectónicos, sino más bien de desmontarlos. No se trata de etiquetar, sino de nombrar e iden-tificar rasgos comunes en procedimientos que nos interesan desde dentro de la propia disciplina. Saltando en el espacio y en el tiempo, en un método próximo a la literatura comparada, nos centraremos en identificar destrezas instrumentales de estas arquitecturas poniéndolas en paralelo para descubrir cómo se han apropiado, e incluso han usurpado, estrategias anteriores para hacerlas propias.

El libro *Metabolism Talks* defiende que tan solo diez años des-pués de la presentación oficial con el manifiesto *Metabolismo 1960,* este movimiento alcanzó su apoteosis para, a la vez, iniciar su decadencia y rápida disolución con la llegada de la gran crisis mundial de la década de los 70. En la Expo'70 de Osaka participaron casi todos los integrantes del movimiento metabolista fijando en sus realizaciones lo que se había considerado hasta ese momento como una utopía tecnológica. Kenzo Tange fue designado para organizar toda la exposición. Encargó a Kiyonori Kikutake la torre de comunicaciones, a Kenji Ekuan el diseño de las líneas de transporte y el mobiliario, a Noboru Kawazoe comisariar la expo «Mid air» insertada en la gran cubierta; Fumihiko Maki desarrolló una instalación basada en sus *golgi structures* ——cuyo modelo tenía un extraordinario parecido con el de la mediateca de Sendai de Toyo Ito——, Kisho Kurokawa diseñó dos pabellones corporativos de la expo y Arata Isozaki participó en el diseño de la plaza, de los dispositivos robóticos y de la cubierta junto a los innovadores ingenieros Yoshikatsu Tsuboi y Mamoru Kawaguchi. Esta colaboración con las ingenierías más punteras para emplear la tecnología más sofisticada que la industria ponía a disposición de la arquitectura sería trascendental en el desarrollo posterior de obras como las de Toyo Ito, Kazuyo Sejima o Junya Ishigami. Una colaboración que ha llegado hasta nuestros días y cuya importancia ha quedado registrada en el número 95 de la publicación *Japan Architect*, en el otoño de 2014, titulado «Emerging Structural Designers».

La Exposición Universal de Osaka en 1970 fue la demostración palpable del milagro económico y tecnológico japonés, un país que, tan sólo veinticinco años después de haber sido arrasado en la Segunda Guerra Mundial, resurgía de sus cenizas como una nueva potencia mundial y como el paradigma, en esa época, de la basculación geoestratégica desde Occidente hacia Oriente. Las Exposiciones Universales como la de Osaka siempre habían sido un vehículo político de exaltación nacional. Una muestra de la capacidad tecnológica de los países y de su liderazgo en distintos aspectos, donde los contenedores de esa información no podían quedar al margen y, paradójicamente, la mayoría de las veces ponían en cuestión su propia producción arquitectónica, como no podía ser de otra manera, en ese intento de mostrar al mundo los avances más punteros que dejaban a la arquitectura convencional inmediatamente desfasada. La primera muestra de esta contradicción fue el gran contenedor universal de la exposición de 1851 en Londres, muestra del poder tecnológico y económico de la época victoriana del Imperio británico. Entre los artefactos icónicos de las exposiciones de Londres en 1851 y la de Osaka en 1970, ——The Crystal Palace and The Big

Roof—— se pueden establecer ciertos paralelismos, más allá de sus descomunales dimensiones para la época. El Crystal Palace, con más de 60.000 metros cuadrados, 50 metros de altura en la nave central, 4.500 toneladas de hierro fundido empleados para levantar la estructura y cubierto por vidrio en su totalidad, fue construido en nueve meses. La Big Roof con una superficie cubierta de 29.170 metros cuadrados, 37,7 metros de altura, una malla espacial de 10 por 29 módulos cuadrados de 10,8 metros de lado que pesaba casi lo mismo, 4.240 toneladas, pero que se levantaba solo sobre seis apoyos y se cubría con una doble membrana de poliéster transparente inflado, fue construida en seis meses en el suelo y tardaron un mes en izarla.

Pero lo que aquí nos interesa es lo que suponen estos artefactos en la cultura arquitectónica de su época y su repercusión posterior. En primer lugar, surgieron de forma tangencial a las arquitecturas canónicas de sus respectivas épocas. En Inglaterra, la arquitectura clásica victoriana se ve desplazada por una arquitectura de origen industrial, empleada en la construcción de pabellones de jardín o invernaderos y ejecutada por expertos en construcciones ferroviarias. El Crystal Palace no fue otra cosa que una especie de mutación tipológica surgida a partir de una oportunidad inusual: construir un espacio cubierto de 60.000 m^2 en nueve meses con los medios disponibles en la industria británica. La figura de Joseph Paxton surge en ese momento como la de un facilitador atento, proponiendo una solución inédita para un problema complejo que la arquitectura canónica no podía o no sabía resolver. Paxton solo había construido hasta ese momento invernaderos como el Great Conservatory en Chatsworth en 1840, de 84 metros de longitud por 37 metros de anchura. Pero su intuición lo llevó a aprovechar esa experiencia para plantear un sencillo esquema inicial que desarrolló colaborando con la industria del ferrocarril. Primero con la Midland Railway, en la que Paxton era directivo y donde trabajaba el ingeniero William Barlow que era experto en estructuras ferroviarias y le ayudó a materializar esas intuiciones previas; para después desarrollarlo y construirlo con la empresa Fox Henderson & Co, también una ingeniería que trabajaba en la industria ferroviaria. Un sistema constructivo con solo dos detalles: los nudos rígidos de los pórticos de hierro fundido y la disposición de los vidrios cuya anchura fijó el módulo definitivo de la construcción. Una estructura diáfana sin pretensiones estilísticas, un contenedor universal adaptable y preparado para ser activado con programaciones diversas desconocidas antes de su propia construcción. Síntesis de una nueva arquitectura enraizada en la Revolución Industrial, que pone en crisis las arquitecturas sólidas de mampostería y abre nuevas vías para aprovechar las posibilidades de los nuevos materiales.

La génesis de la Big Roof de Osaka es distinta a la del Crystal Palace, pero similar en ciertos aspectos que aquí nos interesan y con repercusiones posteriores similares. Si nos aproximamos a las arquitecturas que planteaba el metabolismo en la década de los 60 e, incluso, si nos fijamos en las construcciones anteriores del que fue sin duda el principal instigador del movimiento, Kenzo Tange, aparentemente no tienen nada que ver con la solución propuesta en Osaka. Tange era deudor de una formación inicial, hasta 1950, con Kunio Mayekawa, que a su vez se había formado con Le Corbusier en los años 30. Las primeras obras de Tange en hormigón son deudoras de un formalismo corbuseriano hibridado con el idealismo técnico miesiano, como nos cuenta Antón Capitel en su ensayo *Kenzo Tange y los metabolistas*.[15] La obra de Kiyonori Kikutake es más ambigua, pero de igual modo realizada en hormigón y con un lenguaje próximo al del propio Tange. Lo que nos lleva a preguntarnos, ¿cómo surge la Big Roof de Osaka, un prodigio de levedad con esqueleto metálico? El paralelismo con el Crystal Palace es evidente como mecanismo de comunicación política, aunque en este caso el encargo no se produce por un cúmulo de casualidades como era el caso del entonces desconocido Joseph Paxton, sino que recae en una figura con prestigio mundial como Kenzo Tange, quien además ya había realizado el edificio principal en las olimpiadas de Tokio en 1964, el famoso Yoyogi National Gymnasia. Lo que no tenía precedentes en Japón, como en Inglaterra, era el uso de las tecnologías empleadas en la construcción de sendas exposiciones y que supusieron un notable avance para la época. Si en Inglaterra supuso la decadencia de la arquitectura neoclásica oficial, en Japón supuso en cierto modo la cancelación del movimiento metabolista. Si en Inglaterra el origen de la tecnología se encuentra en las infraestructuras ferroviarias de la arquitectura industrial, en Japón se encuentra en la industria aeroespacial norteamericana. En las entrevistas contenidas en *Metabolism Talks,* reconocen esa influencia al menos tres de los miembros principales del movimiento ——Isozaki, Kawazoe y Elkuan—— y no dudan en señalar el «Wachsmann Seminar» organizado por Kenzo Tange en Tokio en 1955 como desencadenante de esa influencia.[16] En concreto, el proyecto de hangar para aviones que Konrad Wachsmann desarrolla para la USAF Aircraft a partir de 1951 y cuya estructura espacial de tetraedros formados por barras de acero unidas con conectores esféricos tenía una similitud evidente con la finalmente ejecutada en Osaka quince años después. La presencia de Wachsmann en Japón no fue casual, en un entorno de arquitectos muy bien conectados con el panorama internacional y cuyo país estaba tutelado por el Gobierno y la industria norteamericana desde el final de la segunda guerra mundial.

Takashi Asada tuvo un papel fundamental en la transferencia de la investigación de Wachsmann. Formado en la Facultad de Ingeniería de la Universidad de Tokio, fue la mano derecha y socio principal en la oficina de Kenzo Tange desde sus comienzos. Había sido el responsable, o más bien el catalizador ideológico, de la creación del grupo original que lanza el metabolismo en 1960. En *Metabolism Talks* lo denominan primero Obrist como «el hombre entre bastidores» y después Koolhaas como «el Puppet master», el que mueve los hilos. Takashi Asada delegó en el crítico Noboru Kawazoe la redacción del manifiesto, la llamada a los participantes y la elección del propio nombre del grupo. Pero lo que aquí nos importa es que también fue el asistente principal de Tange en el seminario de Wachsmann y sobre todo, que dejó por escrito sus impresiones finales de lo que allí ocurrió, publicadas por el propio Kawazoe en *Shinkenchiku (Japan Architect).*[17] En esta publicación Asada dio la clave de la influencia principal de Wachsmann: orientarlos justo en la dirección contraria a la que les había mostrado Le Corbusier, hacia el pragmatismo de la industria y hacia la incertidumbre de las nuevas tecnologías. A su vez, tuvo un papel transcendente en este cambio de mirada hacia la vertiente tecnológica de este grupo de arquitectos e incluso en la del propio Tange. Arata Isozaki, graduado en la Universidad de Tokio en 1954, fue uno de los veintiun estudiantes que asistieron a ese seminario en 1955 y comenta en su entrevista en *Metabolism Talks* que Asada era una especie de «ingeniero loco pero muy interesante»[18] y que tuvo una gran influencia en su formación en el Tange Lab por su innovadora visión tecnológica y por su actitud motivadora en la búsqueda de los desafíos que las nuevas técnicas ponían a su disposición. Tange, que se caracterizaba por ser un gran gestor de grupos de trabajo, además de un excelente pedagogo, encargó a Isozaki el desarrollo del proyecto de la Big Roof y sin duda fue, siguiendo a Asada, uno de los instigadores de la creación del armazón espacial que finalmente se levantó en Osaka. En palabras del propio Asada, «una gran estructura que debía ser un medio cibernético […] que debía ser una arquitectura invisible, una arquitectura sin rostro».[19]

La Big Roof de Osaka de 1970 en el momento de la ceremonia de clausura.
Fuente: *Closing ceremony of Osaka's Expo '70*, Oficina del Parque Conmemorativo de la Exposición Mundial de Japón de la Prefectura de Osaka.

Quizás fuese durante el «Wachsmann Seminar» cuando se produjo la primera mutación en este grupo de arquitectos, solo latente en ese momento, pero que eclosionaría en todo su esplendor en la cubierta de la Expo'70 en Osaka. Allí levantaron una infraestructura ligera y desprogramada, alejada de la belleza formalista de sus primeras arquitecturas, que supondría a la vez la apoteosis y el fin del metabolismo, fruto de un esfuerzo colectivo en el que la autoría parecía disolverse y que se eleva en el aire como una especie de nube difusa preparada para dar soporte a los distintos experimentos robóticos diseñados por

Isozaki y a las tecno utopías no sólo metabolistas, sino de otros movimientos afines, desde Archigram a Moshe Safdie, Giancarlo de Carlo, Hans Hollein, Yona Friedman o Christopher Alexander. La arquitectura metabolista, tal y como había sido materializada hasta ese momento, quedaba borrada en el mismo instante en que se levantó la cubierta y empezó un proceso irreversible de disolución que abriría nuevas vías de exploración que recogerían en las siguientes décadas arquitectos como Toyo Ito.

Pero esta alteración instrumental dentro del metabolismo no es casual y se va gestando a fuego lento. La disolución de la arquitectura en las prácticas metabolistas viene de la mano de su entendimiento de que todos los procesos involucrados tienen que ver con una relación entre lo natural y el artificio y entre este y el ser humano, en un planeta donde ya todo es artificial, hasta la propia naturaleza. En ese sentido, se anticipaban a las teorías del propio Bruno Latour y su testamento ideológico publicado en 2022: ¿Dónde estoy? Una guía para habitar el planeta. La arquitectura metabolista tendrá la vocación de ser una especie de naturaleza artificial en la que la analogía biológica estará presente desde sus inicios en el manifiesto Metabolism 1960. En la introducción, Noburu Kawazoe presenta al grupo de la siguiente manera: «entendemos la sociedad humana como un proceso vital, en evolución continua desde el átomo hasta la nebulosa. La razón por la que utilizamos un término biológico, metabolismo, es porque creemos que el diseño y la tecnología deben ser una consecuencia directa de la actividad humana».[20] Los proyectos que presentaban a continuación en ese manifiesto tanto el propio Kawazoe como Kiyonori Kikutake, Kisho Kurokawa o Fumihiko Maki tienen que ver con ese entendimiento del proceso 'vital' de la arquitectura. El único proyecto construido hasta ese momento por alguno de los miembros del grupo era la casa del propio Kikutake, la Sky House, que pronto se convertiría en una especie de manifiesto de ese movimiento. No en vano Kenzo Tange solo había mostrado este proyecto y su Kagawa Prefectural Office, ambos construidos en 1958, en el último CIAM de 1959 como muestra de la arquitectura japonesa moderna. Y al mostrar estos proyectos entró en un acalorado debate con Peter Smithson sobre la influencia de la estética de la arquitectura tradicional japonesa en esas obras, que Tange inmediatamente zanjó negando las referencias visuales de la arquitectura que mostraba para reivindicar que «contra el 'esteticismo' hay una nueva fuerza emergente que denominamos 'vitalismo' que en

sí misma no es regionalismo». [21] Debemos señalar cómo Tange
y el ideólogo del movimiento metabolista, Kawazoe, coinciden
en emplear el término 'vital' para posicionar el metabolismo
lejos de referencias estilísticas. La casa de Kikutake aparecerá
desde ese momento como muestra de una arquitectura 'vital'
que evoluciona y cambia de manera natural con sus usuarios.
Un soporte isótropo de planta cuadrada, aéreo, donde se instalaban lo que él mismo denominaba como «move-net», artefactos
provisionales que iban cambiando a lo largo de la vida útil de la
arquitectura. En su casa modificó los *move-net*, la pieza de la
cocina y la del baño, hasta siete veces en cincuenta años.
E incluso descolgó del techo otro *move-net*, un habitáculo para
sus hijos mientras vivieron en su casa. Sorprendentemente,
Kikutake asociaba en la entrevista publicada en *Metabolism
Talks* estos dispositivos con los *pao* tradicionales de la arquitectura japonesa que definía como «una estructura que puedes
montar y desmontar constantemente. Debido a la vida nómada
(de sus usuarios) debía ser ligera […] podríamos decir que este
es el origen del metabolismo».[22] La dialéctica entre los soportes
perennes y los dispositivos efímeros y sus relaciones biológicas
con los seres humanos serán la seña de identidad de estas arquitecturas, presentes ya en las superestructuras con forma de
V invertida del plan de Boston desarrollado por Tange en el MIT
en 1959, incluso antes de la creación del metabolismo.

La certeza de los soportes se contraponía a la incertidumbre de
los dispositivos en el metabolismo. Unos soportes que visual-
mente aún estaban próximos a la estética brutalista corbuseria-
na, al emplear para las infraestructuras el hormigón visto que el
propio Tange tanto había utilizado en la década de los cincuenta en sus mejores obras. Sin embargo, en su planteamiento
ideológico se empiezan a alejar radicalmente de esta arquitectura permanente y bella para aproximarse a una arquitectura
más efímera y abstracta o esencial. Un camino que, parece, los
hizo bascular hacia la omnipresente dicotomía miesiana ente la
piel y los huesos, de nuevo en una analogía biológica absolutamente enraizada en la modernidad occidental desde Gottfried
Semper. Ambos, Mies y Semper, insistían en esa dicotomía para
defender un procedimiento arquitectónico tan antiguo como
la propia humanidad, donde siempre había sido necesario emplear las envolventes como un dispositivo que permitiese adaptar la arquitectura al medio en el que se instalaba, para trans-
formar el esqueleto 'inerte' que la sustentaba en un organismo

'vivo' en diálogo permanente con las personas que lo utilizaban. En este proceso de adaptación biológica, 'vital' en la terminología metabolista, la estructura ósea se diluía debajo de la piel conformando una especie de ser vivo.

Probablemente, como ya se ha comentado, Konrad Wachsmann fue unos de los instigadores que definitivamente hicieron bascular al metabolismo desde la belleza idealizada de Le Corbusier al pragmatismo tecnológico de Mies, una ambivalencia que el propio Toyo Ito menciona recurrentemente en sus escritos. Wachsmann impartía clase con Mies van der Rohe en el IIT de Chicago desde 1949, después de su paso por Harvard y sus colaboraciones con Walter Gropius. Justo antes de ir a Japón, en 1953, Wachsmann había tutelado un proyecto de tres alumnos —— Yujiro Miwa, Henry Kanazawa y Pao Chi Chang—— para diseñar una estructura diáfana, que a la postre sería el prototipo que utilizaría Mies para el proyecto del Convention Hall de Chicago de 1954. Un armazón espacial de planta cuadrada, apoyado solo en el perímetro, de 700 pies (213,36 m) de luz y 100 pies (30,48 m) de altura. El armazón de luces más grandes proyectado nunca por Mies. Una estructura de dimensiones muy similares a las de la cubierta de Osaka, que al final no llegó a realizarse, pero que estuvo proyectada, calculada y lista para ser ejecutada. Un proceso colaborativo que conocía de primera mano Tange, que había visitado a Mies en el IIT en 1959 durante su estancia de un año en Boston, en la Universidad de Harvard. Que avanzaba, además, un método de trabajo que arraigaría en Japón en esa época de la mano de Kenzo Tange y que perdura hasta hoy en día: los talleres de proyectos en institutos universitarios como vivero de ideas para la profesión. Las prácticas docentes de Mies en el IIT de Illinois, poniendo a todos sus alumnos a trabajar en proyectos similares a los que él mismo realizaba en su oficina, creará una escuela miesiana muy arraigada en la cultura arquitectónica norteamericana. De igual modo, las prácticas docentes de Kenzo Tange en la Universidad de Tokio a través de su Tange Lab facilitaron una cultura colaborativa entre los laboratorios universitarios y la práctica profesional, formando a un número importante de arquitectos con una relevante trayectoria posterior no solo en Japón, sino internacionalmente: Kurokawa, Isozaki y Maki entre otros. Una práctica que ha llegado hasta nuestros días, donde oficinas como las del ingeniero Jun Sato colaboran profesionalmente con arquitectos como Junya Ishigami y, a la vez, realiza innovadoras investigaciones en estructuras espaciales en el Jun Sato Lab del Campus Kashiwa de la Universidad de Tokio.

En un proceso similar al seguido por Mies en su etapa americana, la gran alteración que introducirá el metabolismo con la Big Roof en la Expo'70 de Osaka será trasladar también los soportes, la infraestructura, a la categoría de lo efímero y lo ligero, lo evanescente, y concebir ese esqueleto como un mero soporte inerte que solo cobraba vida cuando se activaba con los dispositivos que interactuaban con el público. La cubierta se conformaba con la mínima materia para convertirse en una especie de nube cargada de información y efectos sensoriales que parecía flotar sobre la plataforma de la gran plaza de la exposición. A partir de ese momento, el metabolismo no solo hacía desaparecer los dispositivos cambiantes y caducos insertados en las infraestructuras, sino que también los propios soportes se trasladaban de la categoría de lo permanente a la categoría de lo efímero para diluirse en la incertidumbre de los procesos 'vitales' de los usuarios.

Quien mejor entenderá este cambio de paradigma y trabajará en esta nueva línea de pensamiento de la 'levedad' y la 'incertidumbre' será Toyo Ito. Asistirá a todos estos procesos en primera persona, al colaborar en la oficina de Kikutake desde 1965 hasta la Expo de Osaka. Ito entenderá el verdadero significado oculto detrás de la Big Roof de Osaka: la necesaria pérdida de presencia de la arquitectura para facilitar su indeterminación y su adaptabilidad a la nueva sociedad global de la información, para facilitar los nuevos procesos globales que se anunciaban en ese momento. Pero, lo que es más importante, en Osaka aprendió que la arquitectura no solo debía empezar a perder presencia, sino que el propio arquitecto debía adoptar un papel secundario en el proceso de su concepción, desarrollando una mirada analítica que le permitiese incorporar con naturalidad y sin prejuicios estilísticos o lingüísticos la tecnología más avanzada que empezaba a demandar la sociedad. En definitiva, un posicionamiento pragmático que asumía las doctrinas pasadas, incluso las occidentales de Mies y Le Corbusier, apropiándose de ellas e incluso superándolas sin ninguna clase de trauma. Iñaki Ábalos y Juan Herreros definen así este posicionamiento en su texto sobre «el tiempo ligero» de Toyo Ito: «se muestra como facilitador de nuevas situaciones e interpretaciones arquitectónicas apropiándose y haciendo suyas prácticas pasadas, alterando la genealogía a la que inevitablemente está vinculado». [23]

En la presentación del libro *Metabolism Talks* en Tokio, en septiembre de 2011, tomó la palabra Kiyonori Kikutake y, dirigiéndose a los editores que lo habían entrevistado seis años antes, les dijo: «Habéis venido hoy aquí a escucharnos hablar sobre el metabolismo. Pero, por favor, no penséis que lo habéis entendido. Por favor no penséis, incluso, que habéis entendido algo. Porque no lo habéis hecho».[24] De lo que no se daba cuenta Kikutake, o quizás sí, es que el canon arquitectónico del metabolismo instalado en el imaginario colectivo de finales del siglo XX ya había saltado por los aires, dinamitado desde el interior por su propio discípulo Toyo Ito cuyos escritos y arquitecturas se alejaron desde finales de los 70 de la pesadez de posicionamientos dogmáticos propios de la modernidad para adoptar un estilo no aseverativo, sino más bien descriptivo, instalado en un 'pensamiento ligero' adaptado a los medios de la tecnología contemporánea. Un posicionamiento intelectual instalado en la levedad (lightness) cuyo seguidor más destacado, iniciado el siglo XXI, será Junya Ishigami.

II. *Blurring Architecture* versus *Another Scale of Architecture*

Kenzo Tange estaba a punto de cumplir sesenta años cuando disolvió, a la vez y casi sin querer, el movimiento metabolista y su arquitectura al levantar la Big Roof de Osaka en 1970, el gran icono tecnológico de la sociedad japonesa en aquella época. A la misma edad de sesenta años, Toyo Ito también decidió disolver su propia arquitectura y su trayectoria con la exposición «Blurring Architecture» celebrada a finales de 1999. Habían pasado treinta años desde que un joven Toyo Ito se independizase y empezase a armar una trayectoria que, como ocurrió con el metabolismo y con el propio Tange, alcanzaría la apoteosis y, tal vez, solo tal vez, comenzase su declive con la exposición «Blurring Architecture» y la construcción de la que sería su obra más trascendente: la mediateca de Sendai. Sin embargo, Junya Ishigami apenas tardó diez años en posicionarse en el panorama internacional y en realizar sus mejores obras. La exposición «Another Scale of Architecture» se inauguró en 2010, antes de cumplir cuarenta años, y en la publicación que la acompañaba fue capaz de fijar su imaginario. Nos interesa especialmente comparar estas dos exposiciones y los procedimientos y filiaciones de los dos arquitectos. El tiempo lento de Toyo Ito y el tiempo acelerado de

Junya Ishigami. En cualquier caso, los dos vinculados a una forma de percibir el presente desde un 'tiempo ligero'.

«Blurring Architecture» está monopolizada por la puesta en escena del desarrollo del proyecto de la mediateca de Sendai y la alucinante videoinstalación, para aquella época, con las 'simulaciones' de las planimetrías digitales que estaban desarrollando para su construcción en la oficina de Toyo Ito. Sin embargo, la exposición empezaba y acababa con fotografías en blanco y negro de gran formato de la casa White U, construida en Nakano por Ito en 1976: un volumen de hormigón de una planta con forma de U, hermético y pesado, que se muestra a la ciudad como un cilindro terso y opaco, paradójicamente muy alejado de la estética ligera o evanescente que uno esperaría encontrar en una exposición titulada de esa manera. Pero esto era solo en apariencia. Al adentrarnos en la sala, inmediatamente podíamos descubrir el interior de la casa, etéreo e infinito en su curvatura, blando y deformado por la cubierta inclinada, un espacio pensado para garantizar el aislamiento social y la desaparición de su propietaria. Toyo Ito la construye en 1976 para su hermana y sus dos hijas con la finalidad de facilitar su duelo tras la dolorosa muerte del marido después de una larga enfermedad. En la exposición nos cuenta la historia de la casa que, inevitablemente asociada a la vida de su hermana y de sus sobrinas, se había ido borrando progresivamente, comida por la hiedra del jardín, a la vez que desaparecía el duelo de su hermana, hasta que este finalizó y abandonaron la casa que fue demolida en 1998.

Esta desaparición metafórica de la arquitectura, antes de su demolición definitiva, también escenifica el tránsito de Toyo Ito hacia una arquitectura entendida desde la temporalidad, o desde la levedad, y que no empezará a proyectar y conceptualizar en sus escritos hasta mediados de los años 80, cuando la White U ya había empezado a disolverse en la naturaleza artificial de su entorno urbano. Entonces construirá la Silver Hut, en 1984, un prototipo de aluminio que, siguiendo en parte los dictados del metabolismo, se levanta sobre una infraestructura de pilares cuadrados de hormigón organizados en una estricta retícula, sobre la que se organizan los espacios libremente delimitados por las brillantes superficies plateadas de los cerramientos de aluminio, tensadas y abovedadas en la cubierta. Aquí empezará una etapa más experimental de arquitecturas difusas o, más bien, de instalaciones, como la Torre de los vientos o los Pao. Los Pao merecen especial atención en esta secuencia genealógica pues, al final, no dejaban de ser una reinterpretación postmoderna de los *move-net* de Kikutake, que siempre renegó del término 'cápsula' por entender que era un término asociado a Kisho Kurokawa y a posicionamientos más occidentales relacionados con las propuestas de Archigram. Los *move-net* de Kikutake no eran unidades constructivas cerradas en sí mismas, autónomas y dispuestas para ser 'enchufadas' *(plug-in)*, sino piezas más frágiles vinculadas a la cultura nómada y, por lo tanto, a la naturaleza de un determinado territorio, al usuario que las transportaba y a la temporalidad que permitía adaptaciones evolutivas. Podríamos decir que estas piezas estaban vinculadas con el concepto de dispositivo de Michel Foucault desde una respuesta urgente en el medio en el que se instalaban y desde su capacidad de generar vínculos o redes en ese entorno específico entre ellas y con los individuos que las utilizaban. Toyo Ito trabajaba a partir de la reinterpretación de Kikutake de los *pao* tradicionales a través de sus *move-net*, aunque no lo mencione. Pero hay una alteración genealógica sustancial: la disolución del ámbito doméstico burgués de Kikutake en la sociedad de consumo y su inserción virtual en la esfera pública de una metrópoli supertecnificada como era Tokio, que actuaba como soporte o infraestructura de unos dispositivos también híper tecnificados. Los *move-net* de Kikutake (cocina, baño, dormitorio), fijados en el soporte privado de la esfera doméstica, son sustituidos por otros tres dispositivos tecnológicos en el Pao de Toyo Ito (una consola de información, un tocador para el embellecimiento y un comedor) fijados en el soporte de la metrópoli, que son transportados en una suerte de cabaña nómada moderna envuelta en «una fina película traslúcida que se instala en la inmensa llanura de los medios llamada Tokio».[25] En definitiva, la misma dicotomía metabolista del soporte y la pieza vital, pero reinterpretada con extraordinaria lucidez e inteligencia por Toyo Ito veinticinco años después, con la clarividencia añadida de introducir otra alteración sustancial: sustituir al hombre moderno de Kikutake por 'las chicas nómadas de Tokio'.

Pero antes debemos recuperar un eslabón en esta cadena de acontecimientos: el trabajo que realiza Arata Isozaki en la Big Roof de Osaka. Ya hemos comentado su papel como transmisor de la aplicación de la tecnología del armazón espacial de Wachsmann, pero hay otro aspecto fundamental que es la programación de ese espacio y su labor de comisariado invitando a varios equipos a participar en ese espacio aéreo. Para Isozaki, en realidad, todas las piezas que aparecían en ese armazón funcionaban como auténticas *move-net*, especialmente los dos robots gigantescos diseñados por el propio Isozaki cuya principal función era interactuar con los espectadores y controlar las condiciones ambientales, lumínicas y atmosféricas de ese espacio. Una tecno-utopía en la que Isozaki transformó la plaza de festivales en un «monumento invisible», como él mismo lo definía, un espacio fluido para eventos performativos. Toyo Ito comenta al respecto que, frente a la intención inicial de Tange de levantar un objeto imponente que representase políticamente el poder de la nación japonesa, Isozaki trabajó para crear un espacio urbano para la información, un espacio mediático, un escenario donde las personas «se intoxicasen por las alucinaciones producidas por dos robots, como si fuese una inmensa discoteca»[26] en palabras del propio Toyo Ito. Un auténtico espacio urbano nómada, un *pao* gigantesco donde los *move-net* robóticos de Isozaki ——Démé y Déku eran sus nombres japoneses—— generaban un ambiente cibernético. No sabemos si fue debido a la poderosa impresión que causó este espacio en el joven Toyo Ito por lo que el nombre que le dio a su propia oficina al independizarse en 1971, después de Osaka, fue «Urban Robot».

Estas instalaciones urbanas conceptuales e interactivas se fijan en la arquitectura de Toyo Ito en los años 90 desde el entendimiento de la disolución del soporte físico y su reducción a la mínima expresión para facilitar lo que había sido el objetivo fundacional del metabolismo: el diseño y la tecnología deben ser una consecuencia directa de la actividad humana, entendiendo la sociedad humana como un proceso vital. Pero los procesos vitales en los años 90 han cambiado sustancialmente respecto a los de la década de los años 60. En el texto que acompaña la exposición «Blurring Architecture» Ito explica que el paradigma de la arquitectura moderna ha evolucionado desde el espacio concebido para «el 'cuerpo del movimiento mecanicista moderno' hacia un espacio que debe pensarse para el 'cuerpo del movimiento electrónico moderno'». [27] La respuesta que la arquitectura debe dar a los procesos vitales de la nueva sociedad de la información tiene que ver con el borrado de sus propios límites y su fusión con el entorno en el que se instala. Necesita pasar de una concepción cartesiana del espacio moderno abstracto, pero siempre delimitado, definiendo un entorno artificial cerrado y mecanizado, a una concepción topológica y relacional, vectorial o de campo, donde el espacio fluya como lo hace la propia información en el medio electrónico y sea capaz de fundirse con el entorno natural-artificial en el que se instala: una 'arquitectura de límites difusos'.

El primer proyecto en el que Toyo Ito pone en práctica este planteamiento es en el concurso para la biblioteca de la Universidad de París-Jussieu, en 1992. Su propuesta es radicalmente distinta a las planteadas por OMA, Herzog & de Meuron o Jean Nouvel, todas compactas, verticales y con una densidad formal y material de gran intensidad, aunque en distintas líneas cada una de ellas. Sin embargo, la propuesta de Ito es horizontal, ligera y parece disolverse en el entorno del campus. La maqueta que presenta a concurso parece carecer de límites exteriores e incluso de forjados o particiones entre las estancias, disolviendo los elementos de su arquitectura en un colorido prisma horizontal que, en algunas reproducciones, recuerda a una placa base de ordenador. Lo que parece querer representar con la maqueta conceptual presentada es una plaza pública de la información para Jussieu, la radicalización de la tecno-utopía metabolista de la plaza de Osaka'70 llevada al extremo: el soporte se ha borrado definitivamente, es la virtualidad de la propia universidad, y solo quedan los dispositivos que organizan la información y la ponen a disposición de la comunidad universitaria. Si Toyo Ito no hubiese construido nada, pensaríamos que la propuesta no dejaba de ser una ensoñación o un diagrama abstracto. Pero, en realidad, el modelo anticipaba su propuesta de la mediateca de Sendai, que sí construiría, y recogía experiencias previas de sus instalaciones como el restaurante nómada o la Silver Hut. Como pasaría unos años más tarde con Junya Ishigami, en las manos de estos arquitectos parece que cualquier propuesta se pudiera realizar, por imposible, radical e inmaterial que parezca.

Aquí es donde se encuentran «Blurring Architecture» y «Another Scale of Architecture»: Toyo Ito y Junya Ishigami, después del metabolismo. Porque la sensación de incredulidad que se podía experimentar ante las 'simulaciones' digitales de la mediateca de Sendai y los 'modelos' conceptuales de la biblioteca de París, que ocupaban dos de las seis salas de la exposición de Toyo Ito, era similar a la que se podría experimentar solo diez años después al observar cómo Ishigami mostraba modelos imposibles para construir nubes, bosques, lluvia, el horizonte o torres esbeltísimas que llegaban al cielo en su exposición. Pero los dos lograron construir algunas de sus propuestas de manera bastante fiel, tal y como las plantearon en sus respectivas exposiciones, con una inmaterialidad que no hubiese sido posible sin un desarrollo tecnológico como el de la sociedad nipona.

La propuesta que Toyo Ito presenta al concurso para la mediateca de Sendai, en 1995, es absolutamente radical: once paneles que comienzan con un posicionamiento que desmonta las propias bases del concurso. En la memoria explica que plantean un «prototipo» simple y claro, un sistema que pueda adaptarse a cualquier situación y que no responde a un programa específico. En el segundo panel reduce a su mínima expresión los tres elementos arquitectónicos que dan soporte a la arquitectura: las planchas metálicas horizontales *(plates),* las columnas metálicas huecas reducidas a una especie de malla tensada *(tubes)* y la envolvente evanescente *(skin),* sin apenas presencia, que envuelve la edificación. A continuación, explica lo que no quiere que sea la propuesta: no debe ser un cubo cerrado, no debe segregar circulaciones y espacios, no debe tener capsulas enchufables, sino dispositivos interiores que se activen por los usuarios (siguiendo a Kikutake y sus *move-net*). Y muestra lo que sí debe ser la propuesta: un espacio en el que los usuarios aparecen representados como flujos o corrientes de aire, arremolinados en torno a los vacíos de las columnas en unos diagramas que parecen campos de fuerza. Todas las plantas aparecen después dibujadas como diagramas cuya función siempre va acompañada del sufijo -acción: *Interferation, information, permeation, memorization, sublimation y respiration* en la cubierta. Siguiendo el legado del metabolismo, el soporte y la envolvente se diluyen para que todo el protagonismo lo tengan los procesos vitales de la sociedad de la información a la que va destinada el edificio. La misma que se ocupará de 'cargar' la arquitectura, de hacerla visible desde su inmaterialidad una vez sea entregada y utilizada. El mismo método que había empleado tres años antes en la propuesta de la biblioteca de Jussieu. Este procedimiento lo entendió con extraordinaria lucidez Kazuyo Sejima que comentaba: «he visto el interior de la Mediateca muchas veces […] al principio daba una impresión muy débil […] pero cuando las personas y los objetos se encuentran el espacio se vuelve inmediatamente interesante». [28] Ishigami empleará exactamente ese procedimiento varios años después al explicar el Kait de Kanazawa a partir de los videos que realiza de los estudiantes moviéndose a través de la estructura y el mobiliario del edificio y de los mecanismos de apropiación de esos espacios vacíos de contenido antes de ser utilizados. En todos los casos la arquitectura ha desaparecido previamente y solo tendrá sentido y volverá a aparecer cuando las personas la utilicen. En una lectura abstracta, se aproxima a la definición del 'espacio liso' de Deleuze y Guattari, un espacio que se caracteriza por estar vacío de información, de referencias, donde no hay códigos que nos indiquen *a priori* cómo orientarnos en él, como en el desierto o en el océano inexplorado. Un espacio que se transforma cuando creamos nuestros propios códigos de información para guiarnos en su interior, con los astros o con los puntos geográficos de derrota. A partir de ese momento podemos apropiarnos de esos entornos, cartografiarlos y utilizarlos, para convertir un espacio puramente vectorial o topológico sin referencias en un espacio cartesiano codificado. Es entonces cuando un 'espacio liso' ininteligible se convierte en un 'espacio estriado' informado.

«Blurring Architecture» venía acompañada de un catálogo organizado en seis capítulos que coincidían exactamente con las seis salas de la exposición. La sala más impactante era la tercera con la videoinstalación denominada «Simulation», con proyectores simultáneos sobre una pared curva de casi treinta metros de longitud y con música electrónica que garantizaba una experiencia inmersiva del espectador. Mostraba el proceso digital de la ideación del proyecto de la mediateca y sintetizaba la esencia de la «arquitectura de límites difusos»: era como una radiografía del esqueleto del edificio y la disolución de su estructura. Estaba inspirada en la exposición de Arata Isozaki «Sueños. Visiones del Japón» de 1992 en Londres, que para Toyo Ito era una representación de la ciudad de Tokio como una «ciudad simulada», como su propia arquitectura que también debía serlo, controlada por una tecnología que en sus propias palabras debía permitir que se sincronizase con nuestros ritmos biológicos. Ito describe con extraordinaria precisión esta exposición de Isozaki en el texto «Arquitectura para una ciudad simulada» en 1995,[29] donde deja claro que su mentor ha dejado de ser Kiyonori Kikutake para pasar a ocupar esa posición en ese momento Arata Isozaki. Ito sustituye a uno de los miembros fundadores del metabolismo, quizás el de más talento del grupo, por aquel que mejor supo aprovechar el declive del movimiento para adquirir una proyección internacional que solo sería capaz de seguir años después Fumihiko Maki. La intuición de Toyo Ito será muy adecuada, pues poco tiempo después Isozaki sería el encargado de organizar el concurso de la mediateca de Sendai y de otorgar el premio y su construcción a Toyo Ito. La exposición londinense sobre la ciudad simulada de

Isozaki influyó de manera determinante en la concepción de la sala 'simulación' en «Blurring Architecture», no solo en el nombre, sino en sus dimensiones físicas. Si atendemos a la descripción que realiza Ito con una precisión quirúrgica en ese texto, la sala diseñada por Isozaki era «una sala de 10 metros de anchura y 28 de longitud, con imágenes que llegan desde 44 proyectores, 18 suspendidos del techo que lanzan imágenes sobre el suelo acrílico y los 26 restantes sobre las pantallas textiles. Imágenes elaboradas y acumuladas en 12 discos láser, una música ambiental procesada por un sintetizador llena el espacio procedente de altavoces de 16 canales».[30] Aún hoy podemos encontrar en la red la videoinstalación de Toyo Ito y comprobar que era muy parecida en su concepción a la de Isozaki, con música electrónica de sintetizador y múltiples proyecciones simultáneas sobre una pared curvada de unos 30 metros de longitud.

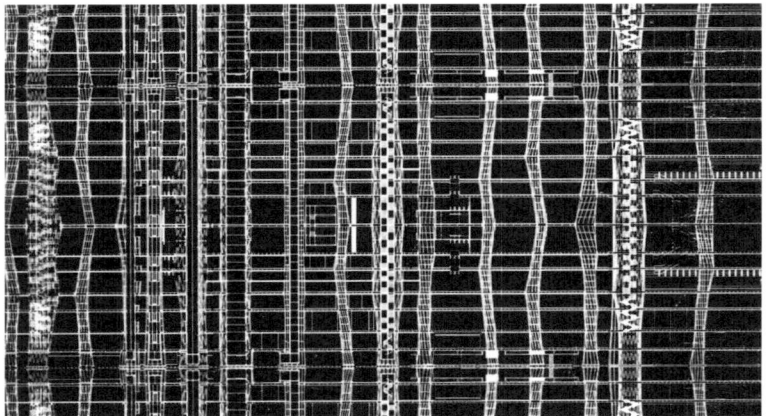

Imagen de la videoinstalación de la exposición «Blurring Architecture» de Toyo Ito en 1999. Fuente: *Blurring Architecture*. Ito, Toyo. Charta, 1999

Las otras salas de «Blurring Architecture» tenían el siguiente contenido: la primera sala se denominaba «Reproduction», muy ligada a Walter Benjamin y a su ensayo sobre «La obra de arte en la época de su reproducibilidad técnica». Aquí se mostraba la casa White U, ya desaparecida y de la que solo quedaba su 'aura'. La segunda sala se denominaba «Drawing», dedicada a los dibujos a mano, una manera de mostrar procesos creativos instantáneos desde el pensamiento sin filtrar ni procesar. La tercera sala era «Simulation».La cuarta sala se denominaba «Model» y contenía modelos físicos, muy conceptuales, que trataban de alcanzar la virtualidad de las simulaciones digitales y su disolución física en proyectos como la Silver Hut, la biblioteca de París-Jussieu y la mediateca de Sendai. La quinta sala estaba dedicada a la fotografía de su obra y la sexta sala a una colección de ensayos, entre los que destaca el manifiesto a favor de «una arquitectura de límites difusos para el siglo XXI».

«Blurring Architecture» y «Another Scale of Architecture» son dos exposiciones muy distintas, pero coinciden en su planteamiento de llevar la arquitectura hasta unos límites casi imposibles. La primera está pensada desde la generación de un manifiesto, desde la reivindicación de una nueva arquitectura para el siglo XXI. Tiene un posicionamiento global, es extrovertida y deudora de un corpus teórico anterior enraizado en la modernidad y en el metabolismo. La segunda es todo lo contrario, es personal e introspectiva, vinculada al propio imaginario de Ishigami, aunque también está muy vinculada a las investigaciones de sus mentores, Kazuyo Sejima y Toyo Ito. «Another scale» es una exposición que solo contiene maquetas, muy conceptuales y de una materialidad casi inexistente; maquetas de un tamaño extraordinario, pero en una sola dimensión: o muy planas o muy altas.

Imagen de la exposición «Another Scale of Architecture» de Junya Ishigami en 2010.Fuente: Junya Ishigami. *How small? How vast? How architecture grows*. Shiseido Gallery, 2010

Junya Ishigami no comunica como Toyo Ito, les quita carga intelectual y peso crítico a sus relatos, comunica de una manera ligera, incluso a veces un poco 'naif', pero comparte con él una especie de optimismo antropológico, una práctica centrada en un humanismo en estrecha relación con el medio que los rodea tal como lo entendía el metabolismo. Si Toyo Ito hacía gala de un humanismo digital, incluso hablaba con términos heredados del género literario de la ciencia ficción como «cuerpo androide», «jardín de microchips» o «mechanistoria», Ishigami despliega su discurso despojándolo de cualquier referencia tecnológica, como si en diez años las referencias digitales vanguardistas de Toyo Ito ya estuviesen obsoletas. Sin embargo, si en algo continúa coincidiendo su discurso con el del metabolismo, y con el del propio Toyo Ito, es en su utilización recurrente de la herramienta de la analogía biológica y en el empleo de términos que ya habíamos leído en el imaginario metabolista cincuenta años antes: el mundo de las partículas subatómicas, la fluctuación cuántica o la referencia más genérica de la naturaleza artificial. En este sentido, Ishigami también insistirá en el borrado de las fronteras entre lo natural y lo artificial, diluyendo la arquitectura en el medio en el que se instala, trabajando más que desde la indeterminación desde la ligereza o desde la vaguedad de los factores que intervienen: *«vague roles, vague functions, vague territories, vague directions»* repite insistentemente en el prólogo de la exposición que termina con un axioma que define su talante de ligereza intelectual a la perfección: «That new enviroment = architecture». [31]

La exposición «Another scale» también venía acompañada de un catálogo de dimensiones físicas extremadamente pequeñas, pero con contenidos extraordinariamente grandes. Y también se estructuraba desde cinco conceptos que coincidían con cinco salas o instalaciones explícitamente naturales —*clouds, forest, horizon, sky, rain*— que generan un campo semántico creativo desde la analogía entre su producción arquitectónica y la propia naturaleza. La primera sala, «Clouds», está relacionada con cómo construir una nube y con cómo los seres vivos habitan las nubes y se adaptan a ese medio aéreo tan distinto del terrestre. La sala contiene un modelo que mide 5500 x 7600 x 9600 milímetros. La escala es 1:2500. Por tanto, en su lado mayor a escala real la construcción mediría 24.000 metros de longitud. La segunda sala es «Forest» y está relacionada con cómo funciona espacialmente un bosque, con su percepción desde el interior. Alterna fotografías de la instalación y páginas de tratados botánicos. El modelo mide 100 x 1850 x 1850 milímetros y la escala es 1:50. Por tanto, la edificación tendría 5 metros de altura y 92,5 metros de longitud. Es un modelo de un edificio realizado, el Kait de Kanazawa y explica cómo concibe Ishigami una espacialidad interior que identifica literalmente con un bosque de bambú. La tercera sala es «Horizon», que está relacionada con construir un espacio horizontal inmenso y a la vez muy comprimido, que produzca una sensación similar a la contemplación de la línea del horizonte en el océano en un día con nubes bajas. El modelo mide 100 x 8560 x 16030 milímetros y la escala es 1:23. Por tanto, la edificación tendría 2.3 metros de altura y 368,69 metros de longitud por 196,88 metros de ancho. La cuarta sala es «Sky» y está relacionada con construcciones que suben hasta el cielo con una esbeltez extrema. Los modelos de la sala tienen dimensiones variables, son múltiples construcciones verticales a escala 1:3000. Por tanto, si la sala tiene unos 6 metros de altura, la edificación tendría 18 kilómetros de altura. «Rain», la quinta y última sala, está relacionada con construir una atmósfera, con construir la lluvia, una instalación que realizó simultáneamente en la 12ª Bienal de Venecia en 2010. El modelo tiene la dimensión de la sala donde se instala y la escala es 1:1. Todos los modelos tienen una inmaterialidad asombrosa y, a pesar de su tamaño, hay una sensación de levedad constante. Lo increíble de Ishigami es que lo que piensa lo acaba construyendo: el bosque en el Kait, la lluvia en la Bienal o el horizonte en la plaza del Kait, un modelo aparentemente imposible por sus dimensiones pero que, en realidad, ya estaba pensando en construir. El modelo es un espacio horizontal de 2.3 metros de altura y 196.88 metros de longitud que acaba construyendo con unas dimensiones muy similares. Junya Ishigami transmite un optimismo trascendental.

En definitiva, el posicionamiento de Ishigami es similar al de Toyo Ito: de una fe absoluta en la tecnología. No les cabe ninguna duda de que, gracias a ella, todas sus propuestas se podrán realizar. Una fe heredada de las tecno-utopías del metabolismo que se habían materializado en la Expo de Osaka. Una sensación que Toyo Ito describe con enorme sensibilidad en el mismo texto en el que define su propuesta para los Pao: «Una arquitectura que pide un cuerpo androide».[32] Allí cuenta una anécdota muy clarificadora sobre esta cuestión de cómo conciliar la disolución de la arquitectura en el medio en el que se instala con la propia realidad física de esa arquitectura una vez se construye. La historia que describe es esta: En un taller que impartía en Rotterdam, una arquitecta holandesa con experiencia profesional trabajaba con él en el diseño de una vivienda. Aplicando las teorías sobre habitar expuestas en el taller, la arquitecta pensó un espacio desde el interior dibujando formas diluidas e indefinidas que parecían espuma hinchándose. En palabras de Toyo Ito eran «como si fuera un huevo recubierto solo por su membrana interior sin la cáscara».[33] Pero a partir de ahí no pudo continuar y al cabo de unos días tiró su propuesta y exclamó agobiada que no podía más, lo cual significaba para Ito una muestra extrema de honestidad que lo emocionó. Era el resultado natural de quien intenta introducir el orden racional de la arquitectura en un estadio previo, en el espacio diluido que había concebido la alumna; de quien intenta conciliar la disposición de los elementos propios de la edificación real (endurecer la piel, introducir soportes, disponer funciones, etc.) con lo que se ha ideado previamente, para que lo que se conciba sea una arquitectura real utilizable, pero sin perder su inmaterialidad.

Ishigami sí que ha sido capaz de dar ese paso sin alterarse en diferentes situaciones, sin un aparente esfuerzo constructivo, prescindiendo incluso de las condiciones materiales y gravitatorias de la arquitectura, incluso de manera más radical que Toyo Ito haciendo casi desaparecer sus arquitecturas. Para Ishigami «la arquitectura como refugio es una imagen inadecuada para este nuevo medio que está emergiendo. Debemos ver la arquitectura no como refugio, sino como un entorno en sí misma». [34] Se trata de una interpretación que se aproxima sorprendentemente a las propuestas que realizó Mies van der Rohe para la nueva domesticidad de posguerra en la sociedad norteamericana, en la que arquitecturas como la casa Farnsworth no son un refugio, sino la construcción de un entorno en sí mismas.

III. La insoportable levedad de la arquitectura de Junya Ishigami

«Entonces, ¿qué hemos de elegir? ¿El peso o la levedad? […] la contradicción entre peso y levedad es la más misteriosa y equívoca de todas las contradicciones».[35] Milan Kundera comienza con esta disquisición su libro *La insoportable levedad del ser*. Se introduce de esta manera en el debate que ya había iniciado Parménides en el siglo VI antes de Cristo sobre la dicotomía entre peso y levedad, debate que había retomado Nietzsche en el siglo XIX para tratarlo desde una perspectiva más ontológica que la del pragmatismo presocrático.

En 1973, Juan Navarro Baldeweg realizó una instalación denominada «La columna y el peso» donde introducía una nueva aportación a esta dialéctica entre la levedad y el peso: la percepción del observador frente al imaginario cultural arraigado en la memoria. Ante una enorme columna dórica Juan Navarro disponía una pequeña pesa casi imperceptible, hasta el punto de que, en la reproducción fotográfica de las galerías de arte, la pesa se debió de teñir de un llamativo dorado para que no pasase desapercibida y así contrastar con el fondo en blanco y negro presidido por la columna. Sin percibir la pesa, la columna transmitía significados que tenían que ver con cuestiones estilísticas o de representación institucional; incluso podría parecernos que su mármol blanco tenía una elegante ligereza y sus formas redondeadas una suavidad táctil. Pero al percibir el peso delante de ella, la columna se resignificaba para trasmitir en el observador todo el efecto de la gravedad, el aplastamiento de la columna sobre la basa en su contacto con el suelo. De repente, la percepción cambiaba y la frágil figura de la pesa imponía un nuevo significado en el observador, trasladando a la columna todos los esfuerzos gravitatorios que verdaderamente poseía, resignificando la percepción que teníamos de ella anteriormente.

La alteración de la percepción de las propiedades de los elementos arquitectónicos es un procedimiento utilizado desde la antigüedad que alcanzó en el arte griego cotas de elevada sofisticación. Las correcciones ópticas de la éntasis en las columnas para que parecieran más esbeltas o la curvatura convexa que se le daba al suelo del estilóbato corrigiendo la perspectiva para que no pareciese hundirse bajo el peso de las columnas son bien conocidas. Incluso en los debates sobre la policromía de los templos griegos, Gottfried Semper mantenía que la gruesa capa de cera encáustica coloreada que recubría el mármol blanco tenía la finalidad de ocultar el despiece de las juntas de la piedra, borrando su pesadez y la materialidad estática del soporte para convertir la arquitectura en un dispositivo dinámico, un organismo perfectamente adaptado a una determinada situación social, cultural y política. De nuevo, nos encontramos con una resignificación de la materia ante los ojos del observador atento desde procedimientos arquitectónicos.

En la arquitectura moderna Mies van der Rohe trabajó de una manera intensa y obsesiva con esta dialéctica de la levedad. En pequeñas piezas de escala doméstica, como el pabellón de Barcelona o la casa Farsnworth, borraba la percepción de los soportes verticales revistiéndolos de superficies especulares o las pesadas superficies de mármol se pulían hasta hacer parecer que flotaban. Josep Quetglas en *El horror cristalizado* llega a afirmar que el pabellón de Barcelona «no está construido con piedra, cristal, estuco y hierro, sino con reflejos».[36] Incluso en un edificio corporativo en altura como el Seagram de Nueva York también fuerza todo lo posible estas contradicciones materiales. Juan Herreros escribe en *Detalles constructivos y otros fetiches perversos* que el famoso detalle del muro cortina del Seagram no solo es absolutamente ineficiente desde su comportamiento higrotérmico por el puente térmico que originan las T que soportan el vidrio, sino que es un enorme despliegue de contradicción y ambigüedad; es, además, la negación del ideario moderno y su obsesión por la sinceridad constructiva al ser puro ornamento. Sin embargo, Juan Herreros también afirma que Mies paga este peaje con gusto, pues es un artificio que consigue que parezca «que no pesa el vidrio, que no pesa la fachada, que no pesa el rascacielos en la ciudad [...] aunque sea obvio que pocos edificios pesan más que el Seagram, pocos muros cortina pesan más que éste y pocos vidrios pesan más en un montante que estos cogidos solo por dos esforzadas T».[37] De nuevo, la disposición y el orden de los elementos altera la percepción del espectador y resignifica la materia de modo que aquello que debería tener un peso considerable deja de tenerlo gracias al empleo de la tecnología y de los recursos técnicos.

Las investigaciones de Toyo Ito en torno a la levedad y a la desaparición de la materia también han discurrido por caminos paralelos, como acabamos de ver. En obras como la casa en Umegaoka de 1982 o la Silver Hut de 1984 ya experimentó con una tecnología que le permitía reducir notablemente el espesor en los cerramientos, aunque la estructura aún tenía bastante presencia. La investigación sobre la desmaterialización de la arquitectura iniciada en el proyecto de la biblioteca de Jussieu culmina con la construcción de la mediateca de Sendai, donde las envolventes desaparecen definitivamente, la estructura se convierte en un vacío envuelto por una filigrana metálica y los espacios están desprogramados y vacíos de contenido esperando a ser activados desde las 'acciones' de los usuarios. Sin embargo, los logros en este terreno por parte de Toyo Ito son más conceptuales que físicos, la inmaterialidad tiene más que ver con un relato y un imaginario que crea Ito desde sus sugerentes ensayos y menos desde la percepción física de su obra.

La arquitectura de Ishigami es muy sofisticada en el sentido perceptivo y en el empleo de la contradicción entre el peso material y la levedad. Desde su primer proyecto, ejecutado en 2005, vemos cómo consigue que una mesa de diez metros de longitud parezca que está levitando y no tenga peso. Sin embargo, si atendemos a una característica física y objetiva como es la densidad del acero, 7850 kg/m^3, nos daremos cuenta de que el finísimo tablero de acero de 3 milímetros de espesor pesa más de 700 kilogramos y la distribución de masas no es la óptima: con unas finas pletinas de unos centímetros dispuestas de canto se generaría una mínima estructura que resistiría la flexión y con una chapa para el tablero de menos espesor, la mesa podría pesar mucho menos de la mitad. Sin embargo, no conseguiría generar la perplejidad que produce en el observador que una mesa de 700 kilos se pueda levantar con un dedo porque parece estar hecha con una cartulina de papel. Igual que Juan Navarro escribió que la silla en voladizo MR 20 de Lilly Reich y Mies van der Rohe sintetizaba todos los esfuerzos de su arquitectura, podríamos afirmar que esta mesa de Ishigami concentra todos los artificios, las ambigüedades y las contradicciones de su arquitectura: exceso de masa para que parezca que no pesa, ineficiencia estructural para lograr transmitir levedad y artificios técnicos hipersofisticados procedentes de la ingeniería más avanzada para conseguir que sus edificios parezcan disolverse en el entorno. En cualquier caso, debe quedar claro como intentaremos mostrar a continuación, que la aparente levedad de la obra de Ishigami se consigue desde la generación de una entropía descomunal, no solo por el exceso de materia, sino por los recursos intelectuales empleados en la consecución de cualquiera de sus obras, así como por los esfuerzos técnicos empleados en su ejecución. Parafraseando a Charles Jencks al describir la obra de Mies, «tanto para los críticos como para los usuarios de su arquitectura, el problema de Mies van der Rohe ——podríamos poner aquí Ishigami—— radica en que, para poder apreciar sus edificios, exige un compromiso absoluto con una visión platónica del mundo. Sin este compromiso […] aparece simplemente como hermosa y, en algunos casos, hasta trivial».[38]

Centrémonos ahora en desvelar algunos de los recursos que utiliza Ishigami para conseguir estos efectos perceptivos tan característicos de su obra, haciendo hincapié en que él mismo siempre se molesta en explicarlos, es decir, no se comporta como el típico mago que no desvela sus trucos, sino más bien al contrario: en sus publicaciones y conferencias se muestra extraordinariamente transparente en este sentido como un niño pequeño que reconociese sus travesuras y las mostrase orgulloso.

En primer lugar, podemos destacar un recurso aparentemente sencillo, pero extraordinariamente pedagógico: el uso de la geometría y su capacidad para conseguir que la forma contribuya a la eficiencia estructural. Debemos decir que en la obra de Ishigami todo trabaja, no hay un milímetro cuadrado de material que no soporte esfuerzos y a esto se suma su habilidad para lograr que la geometría empleada también trabaje. En la mesa consigue la planeidad del tablero de tres milímetros sin que este se combe bajo el peso de los objetos que hay sobre él gracias a que lo conforma con una contra curvatura precisa en el tren de laminado. Como nos enseñaban en las clases de estructuras, Ishigami dibuja la gráfica de la mesa deformada por el peso que soporta y la construye con la curvatura convexa contraria, de manera que, al cargar el tablero con las piezas domésticas, consigue la planeidad desde la estática del equilibrio entre los pesos y la fuerza del empuje de esa geometría curva. De la misma manera, en el taller del Kait en Atsuki en 2008, dentro de un paralelogramo de 45 metros de lado Ishigami dispone 305 pilares, todos aparentemente iguales pero diferentes, personalizados por su ubicación, sección, dirección o comportamiento estructural ——263 de ellos a tracción y los 42 restantes a compresión——. De nuevo la disposición geométrica aparentemente azarosa de los pilares hace que la respuesta frente a esfuerzos horizontales en una zona sísmica como esta sea impecable. No hay ninguna dirección débil como en las estructuras isótropas. Cada pilar tiene un tratamiento individualizado como si fuesen organismos vivos en una naturaleza real, de manera que los pilares y los objetos del mobiliario forman un ecosistema donde todo es natural y es artificial, logrando un equilibrio inestable con los usuarios del taller. Como ya había dicho Kazuyo Sejima sobre el espacio de la mediateca de Sendai, el Kait es un espacio muy débil que solo adquiere sentido cuando los objetos y las personas se encuentran.

A mediados de 2009 la revista *Arquitectura Viva* publicó el Kait recién construido con una breve explicación de Ishigami sobre los 'trucos' empleados en tan singular estructura. En el siguiente número, un catedrático y un profesor titular de estructuras de la ETSAM escribían una carta titulada «Supersticiones digitales, Ishigami en cuestión», criticando con cierta dureza el concepto estructural del edificio de Ishigami, argumentando que la estructura no solo no estaba optimizada, sino que, además, no funcionaba correctamente pues era deudora de una concepción «simplemente ornamental».[39] Sin entrar en debates sobre la idoneidad del ornamento en el siglo XXI, ya superados por ejemplo con las relecturas de la obra de Mies, y sin entrar tampoco en el comportamiento del postesado de los 263 pilares a tracción en este tipo de estructuras, sí que nos interesan otras cuestiones desveladas por esta crítica. De nuevo en esta obra suceden cosas parecidas a las comentadas con anterioridad al observar la mesa: empleo de exceso de material y el diseño de una estructura que no está optimizada. Incluso al criticarla los autores del texto proponen que, si se hubiese empleado una retícula de pilares circulares todos iguales en una malla isótropa de tres por dos metros, se podría haber ahorrado hasta un 35% de material. Pero la pregunta es, ¿qué estructura parecería más pesada?, ¿cuál trasmitiría una mayor sensación de levedad e incertidumbre?, ¿una estructura desordenada y azarosa de pletinas de 16 milímetros de espesor o una estructura isótropa de tubos de 120 milímetros de diámetro? La respuesta es obvia. Y también lo es que Ishigami consigue en este edificio lo que literalmente proponía en la exposición «Another Scale of Architecture»: la atmósfera de un bosque etéreo e inestable que interactúa con los usuarios convirtiéndose en una especie de ecosistema frágil. Esta obra es una muestra clara de la pesada levedad de la arquitectura de Ishigami.

La habilidad en el empleo de la geometría para conseguir superficies portantes impensables se manifiesta de manera sorprendente en el parque Groot Vijversburg en Tytsjerk, en los Países Bajos, inaugurado en 2017. En esta ocasión, colaborando de nuevo con el Laboratorio de la Universidad de Tokio de Jun Sato, logran que en el pabellón de vidrio instalado en el jardín solo las paredes de vidrio sujeten la cubierta metálica; un vidrio laminar doble formado solo por dos piezas de ocho milímetros adheridas con butiral que adquieren capacidad portante gracias a la geometría de doble curvatura que tiene la planta. En una conferencia muy didáctica, Sato explica cómo la resistencia a flexión de una pared de vidrio aumenta exponencialmente gracias a la geometría empleada: desde la ineficiencia por el pandeo de un plano vertical simple a la extraordinaria rigidez de los planos con doble curvatura, como los empleados en esta obra.

Aunque sin duda donde Ishigami lleva al límite la dialéctica entre peso y levedad es en la reciente cubierta de la plaza del Kanagawa Institute of Technology (Kait) en Atsuki, en 2020; un trapecio deformado con una luz de 89 metros en el lado mayor y 55 metros en lado menor, cubierta con chapones de solo 12 milímetros de espesor. De nuevo, haciendo que la geometría mejore el comportamiento estructural, la sección toma la forma natural de una catenaria tensada. Pero sujetar esta cubierta de chapones supone el empleo de toneladas de hormigón enterrado en las zapatas laterales, el empleo de pilotaje profundo y de tirantes activos de 20 metros de profundidad. La levedad de esta cubierta ingrávida como una cartulina recortada solo es posible gracias a un ciclópeo contrapeso de 5000 milímetros de base por 1650 milímetros de canto, una sección que configura una zapata corrida en todo el perímetro de la planta y que supone un volumen de 2250 metros cúbicos de hormigón que pesan aproximadamente 5350 toneladas. Todo ese peso descomunal está ahí para hacer de contrapeso a las 400 toneladas de la cubierta de acero, ayudado además por los anclajes activos. Es decir, cada kilo de acero de la cubierta requiere de, al menos, 13 kilos de hormigón enterrados para que no se desplome.

Más allá de esta 'insoportable levedad' de la cubierta del Kait, si nos permitimos aplicar el oxímoron de Kundera en este caso, el trabajo con superficies sin espesor aparente para lograr esta sensación de ingravidez es de una habilidad admirable. Es un trabajo que no puede dejar de recordarnos otra obra de Kazuyo Sejima: la casa entre ciruelos de 2004, en cuyo proyecto y construcción colaboró Ishigami durante dos años. Los muros del cerramiento de la casa tenían 50 milímetros de espesor y se conformaban con paneles estructurales de chapa de acero de solo 16 milímetros de espesor, prefabricados y soldados en obra, que son los mismos que se empleaban en las particiones interiores. A su vez, los huecos se recortaban en la superficie con libertad y parecían pinturas desprovistas de marco decorando las paredes. La casa se concebía a partir de superficies bidimensionales sin profundidad, de nuevo como si fuesen cartulinas blancas recortadas. Pero lo difícil era trasladar este esquema frágil de una maqueta de cartulina a una construcción tridimensional estable, en un proceso que nos recuerda la anécdota del Taller de Toyo Ito en Holanda que explicamos anteriormente. Pero Sejima sí fue capaz de resolver con

Casa entre ciruelos de Kazuyo Sejima, 2003. Fuente: *Domus 866*, January 2004, Fotografías de Noguchi Rika y Junya Ishigami

aparente sencillez este proceso, igual que lo haría Ishigami poco tiempo después trasladando esta técnica aprendida con Sejima a su propio trabajo en la cubierta del Kait. En esta obra empleó la traslación de destrezas técnicas intuitivas a procesos técnicos complejos, elaborando maquetas con cartulinas que generaban un *patchwork*, como un *quilt*, pero que servían de ensayo para modelos estructurales de cálculo. Desde esta aproximación con los modelos de papel, Jun Sato estableció una sencilla ley de distribución de esfuerzos que permitía establecer recortes en la cubierta aparentemente aleatorios, pero estratégicamente distribuidos. Este sistema permitía no solo iluminar el interior, sino aumentar la sensación de ingravidez al mostrar la fina sección del material. Además, contribuyó a aligerar considerablemente el peso de la cubierta. De manera que, con la intermediación de Sato, Ishigami trasladó literalmente el *patchwork* de hojas de papel del modelo a un *patchwork* de hojas de acero soldadas en la construcción, como ya había hecho Sejima en la casa de ciruelos en 2003. Porque Kazuyo Sejima comparte con Toyo Ito e Ishigami, e inclusive con los metabolistas, su gusto por la inmaterialidad, por la levedad, por las estructuras casi imposibles y, en definitiva, su búsqueda por la desaparición de la propia arquitectura una vez se instala en un determinado medio. Así lo expresa en una entrevista en *El Croquis* con Juan Antonio Cortés: «en la transformación de lo bidimensional a lo tridimensional la estructura es muy importante. Para nosotros […] incluso su desaparición lo es». [40]

Oscar Rueda
Profesor contratado doctor de
Proyectos Arquitectónicos
Universidad Politécnica de Madrid.

Este ensayo se inscribe en el contexto de los seminarios *Dispositivos de [inter]mediación y Genealogías [in] Verosímiles*, impartidos en el Máster de Proyectos Arquitectónicos Avanzados (MPAA) de la ETSAM entre 2020 y 2024 por Óscar Rueda junto a los profesores María José Pizarro y David Casino, a los que agradezco enormemente sus enriquecedoras aportaciones críticas en las diferentes sesiones en que trabajamos con las arquitecturas mostradas en este texto. Igualmente, el origen de este ensayo está en una investigación que iniciamos en el año 2022, en el marco de estos seminarios del MPAA, junto a María José Pizarro y nuestra alumna Xixi Chen que condujo al desarrollo de la TFM titulada *Estrategias de desaparición: desde Toyo Ito a Kazuyo Sejima hasta Junya Ishigami*. Su trabajo y aportaciones han sido fundamentales para elaborar este texto.

Notas

1. Bloom, *La ansiedad de las influencias.*

2. Virilo, *Estética de la desaparición.*

3. Descripción extraída del anuncio de la serie de conferencias tituladas «Rarefied» celebradas en Princeton en la primavera de 2014, en https://soa.princeton.edu/content/s%2714-soa-lecture-series%3A-%22rarefied%22.

4. Geers, «Perfectly fine for Mies».

5. *Ibidem*, 15.

6. Jencks, *Modern movements in architecture*, 102.

7. Bow Bow, *Made in Tokyo*, 14.

8. Collins, *Los ideales de la arquitectura moderna: su evolución (1750——1950)*, 15.

9. Koolhaas, Ulrich Obrist, *Metabolism Talks*, 12.

10. *Ibidem*, 21.

11. Tafuri, *Teorías e historia de la arquitectura*, 15.

12. Riley, *Light Construction*, 10.

13. Herzog & de Meuron, «Minimalismus und ornament», 115.

14. Ito, *Blurring Architecture.*

15. Capitel, *Kenzo Tange y los metabolistas,* 26.

16. Koolhaas, *op. cit.,* 120.

17. «The Age of Machines and the New Path of Architecture: On Konrad Waschmann», 19.

18. Koolhaas, *op. cit.,* 35.

19. *Ibidem*, 35.

20. Kawazoe, *Metabolism 1960*, 4.

21. Newman, Bakema, *CIAM '59 in Otterlo.*

22. Koolhaas, *op. cit.,* 143.

23. Ábalos, Herreros, «El tiempo ligero», 43.

24. La frase de Kikutake procede del video de presentación de *Project Japan. Metabolism Talks* en la AA en Londres el 07/02/2012 a cargo de Rem Koolhaas, Hans Ulrich Obrist, Brett Steele, Shumon Basar. Ver minuto 47:00 del video en https://www.youtube.com/watch?v=OpwcTQ5RKbw

25. Ito, *Escritos,* «Una arquitectura que pide un cuerpo androide», 62.

26. Koolhaas, *op. cit.,* ver notas de Toyo Ito al margen, 45.

27. Ito, *op. cit.,* 55.

28. Sejima, entrevista con Juan Antonio Cortés en *El croquis* n° 139.

29. Ito, «Arquitectura para una ciudad simulada» en *El croquis*, n° 71.

30. *Ibidem*, 6.

31. Ishigami, *Another Scale of Architecture*, 5.

32. Ito, *Escritos,* 45.

33. *Ibidem*, 58.

34. Ishigami, *op. cit.,* 4.

35. Kundera, *La insoportable levedad del ser*, 13.

36. Quetglas, *El horror cristalizado*, 95.

37. Herreros, *Fetiches perversos. Detalles constructivos y otros*, 15.

38. Jencks, *op. cit.,* 95.

39. AA VV: «Supersticiones digitales, Ishigami en cuestión», 23.

40. Cortés, «Topología arquitectónica. Una indagación sobre la naturaleza del espacio contemporáneo», 50.

Bibliografía

AA VV. «Supersticiones digitales, Ishigami en cuestión», *Arquitectura Viva,* n° 126 (2009).

——. «Emerging Structural Designers», *Japan Architect,* n° 95 (2014).

——. «Reprint Edition Expo '70», *Japan Architect,* n° 113 (2019).

Ábalos, Iñaki, Herreros, Juan. «El tiempo ligero» en *El croquis,* n° 71 (1995).

Aureli, Pier Vittorio. *La posibilidad de una arquitectura absoluta,* Puente editores, 2013.

Asada, Takashi. «Waschmann Seminars», *Shinkenchiku, JA* (1956).

——. «The Age of Machines and the New Path of Architecture: On Konrad Waschmann,» *Kenchiku Zasshi,* marzo (1956).

Barr, Alfred H. *Cubism and Abstract Art.* MoMA, 1936.

Bloom, Harold. *La ansiedad de las influencias.* Trotta, 2009.

Bow Bow, Atelier. *Made in Tokyo,* Kajima Institute Publishing, 2001.

Capitel, Antón. *Kenzo Tange y los metabolistas,* Ediciones Asimétricas 2010.

Collins, Peter. *Los ideales de la arquitectura moderna; su evolución (1750——1950),* Gustavo Gili, 1970.

Cortés, Juan Antonio. «Topología arquitectónica. Una indagación sobre la naturaleza del espacio contemporáneo», en *El croquis,* n° 139 (2008).

Fontán del Junco, Manuel, Lebrero, José. *Genealogías del arte o la historia del arte como arte visual,* Fundación Juan March/Editorial de Arte y Ciencia, 2019.

Foucault, Michel. «El juego de Michel Foucault», en *Saber y verdad,* Ediciones La Piqueta,1991.

Gadanho, Pedro, *A Japanese Constellation: Toyo Ito, SANAA, and Beyond,* MoMA 2016.

Geers, Kersten. «Perfectly fine for Mies», *San Rocco Magazine,* n° 3 (2011).

Herreros, Juan. *Fetiches perversos. Detalles constructivos y otros,* Ediciones Generales de la Construcción, 2002.

Herzog & de Meuron, «Minimalismus und ornament», *ARCH+,* n° 129-130, (1995).

Ishigami, Junya. *Another Scale of Architecture,* Seigensha Art Publishing, 2010.

Ito, Toyo. *Arquitecturas de límites difusos.* Gustavo Gili, 2006.

——. «Una arquitectura que pide un cuerpo androide», en *Escritos,* Albadalejo——Colegio de Aparejadores de Murcia, 2000.

——. «Arquitectura para una ciudad simulada» en *El croquis,* n° 71 (1995).

——. *Blurring Architecture.* Charta, 1999.

Jencks, Charles. *Modern movements in architecture.* Penguin Books, 1973.

Kawazoe, Noburu; et al. *Metabolism 1960: The Proposals for a New Urbanism.* Bijutsu Shuppan Sha, 1960.

Koolhaas, Rem, Ulrich Obrist, Hans. *Project Japan. Metabolism Talks,* Taschen, 2011.

Kundera, Milan. *La insoportable levedad del ser,* Tusquets, 1985.

Latour, Bruno. *¿Dónde estoy? Una guía para habitar el planeta.* Taurus, 2022.

Quetglas, Josep. *El horror cristalizado,* Gustavo Gili, 2000.

Riley, Terence. *Light Construction.* MoMA, 1995.

Rorty, Richard. *Contingencia, Ironía y Solidaridad,* Ediciones Paidós, 1991.

Summerson, John. *El lenguaje clásico de la arquitectura,* Gustavo Gili, 1974.

Tafuri, Manfredo. *Modern Architecture in Japan,* 2022.

——. *Teorias e historia de la arquitectura,* Celeste, 1997.

Virilo, Paul. *Estética de la desaparición,* Anagrama, 2006.

Colección Ensayos Críticos

Directora de la colección
Silvia Colmenares

Edita
DPA ETSAM en colaboración con
Ediciones Asimétricas

Ensayos Críticos 12
Una Filogenia [in]verosímil
sobre arquitecturas de límites difusos

© de los textos
Óscar Rueda

© de las imágenes
sus autores

© de la edición
© DPA ETSAM, 2024
www.dpa-etsam.com
© Ediciones Asimétricas, 2024
www.edicionesasimetricas.com

Diseño
gráfica futura

Impresión
Estilo Estugraf Impresores

ISBN
978-84-10065-72-7

Depósito legal
M-24889-2024

Impreso en España / Printed in Spain